気軽に作れて、
からだが整う

榎本美沙の
ひと晩発酵
調味料

はじめに

みそ、しょうゆ、みりん、酒、酢……。
日本の基本調味料の多くは、米麹を使った発酵食品です。
もちろん基本調味料も欠かせないものですが、
最近特に感じているのが、基本調味料に限らない"米麹の力"です。

トマトや玉ねぎと合わせてみたり、
カレー粉や酢と合わせてみたり……。
バラエティー豊かな食材と合わせても、
それらの食材の味わいをぐっと引き出してくれる米麹。
トマトと作る[発酵ケチャップ]は、トマトの甘みが生きていて、
玉ねぎと合わせる[玉ねぎ麹]は、玉ねぎのうまみが凝縮されています。

こんなふうに米麹の力を借りることで、
とても手軽に、おいしい発酵調味料を作ることができました。

今回ご紹介する発酵調味料は、すべて〈ひと晩〉で作ることができます。

思い立ったらすぐに作れて、すぐに使える。
少量ずつなら、気軽に使いきれるし、
いくつか違った種類の調味料を同時に作ることもできます。

発酵調味料自体に甘みやうまみがあり、
少ない材料で作るシンプルな日々の料理が、とてもおいしく仕上がるので、
わが家の食卓には欠かせない存在となっています。

この本を手に取ってくださったみなさんの食卓でも
[ひと晩発酵調味料]が活躍して、
発酵調味料があるとおいしい、発酵調味料って便利と実感していただけたら、
私もとてもうれしいです。

榎本美沙

もくじ

PART 1

塩麹

PART 2

玉ねぎ麹

PART 3

発酵ケチャップ

PART 4

ひと晩発酵おからみそ

PART 5

発酵コチュジャン

（　この本の決まり　）

・炊飯器の機種によっては仕様が異なるため、事前に取扱説明書をご確認ください。また、保温中は火傷にご注意ください。
・計量単位は、大さじ1＝15ml、小さじ1＝5ml、1カップ＝200mlです。
・炊飯器は5.5合炊きのものを基準にしています。
・電子レンジの加熱時間は600Wのものを基準にしています。500Wの場合は、1.2倍の時間を目安にしてください。機種によって多少の差が出ることがあります。

ひと晩発酵調味料の　いいところ

ひと晩で作れる

一般的には長時間かかる発酵も、炊飯器の保温機能を使えば、酵素がもっとも活性しやすい温度（約60℃）をキープできるので、ひと晩（約8〜10時間）で作れます。失敗もしづらく、気軽に試してみることができるし、使いたいときにすぐ使うことができます。みなさんの生活に合ったひと晩発酵調味料を探してみてください。

少量ずつ作れるから使いきれる

この本では、ジッパー付き保存袋で少しずつ作るレシピを紹介しています。調味料にもよりますが、2週間から3か月ほどは日持ちしますので、どれもおいしいうちに、食べ飽きることなく使いきれる分量となっています。せっかく作った発酵調味料を使いきれずにムダにしてしまったり、冷蔵庫で忘れられたりすることはありません。

手軽に失敗なく作れて、おいしい。さらには体にもやさしい。
ひと晩発酵調味料は、いいことずくめの新しい調味料です。

いつものごはんが
おいしくなる

発酵させると、酵素の力でうまみや甘みがぐんと増します。どのひと晩発酵調味料も、さっと焼いた肉や魚に添えたり、生野菜やゆで野菜につけるだけで、素材の味わいを引き立てることができます。いつもの料理もひと晩発酵調味料を使えば、より味わい深いひと皿に。肉や魚をやわらかくするはたらきもありますので、手間をかけずに料理がランクアップします。

からだが整う

麹には料理をおいしくするはたらきだけでなく、麹自体の食物繊維や発酵の過程で生じるブドウ糖やビタミンなどの栄養素による、体を内側から整える力があります。腸内環境を整えたり、美肌作りに役立ったり……。ストレス対策や老化予防にも期待大。また素材に自然なうまみや甘みをプラスすることができるので、塩分控えめの料理を作ることができるのも、体が喜ぶポイントです。

ひと晩発酵調味料作りに必要な
材料 と 道具

ひと晩発酵調味料作りに必要な主な材料は、米麹と塩。
それに身近なスパイスや野菜などを組み合わせて作ります。
あとは炊飯器と保存袋があれば、すぐに試せる気軽な調味料です。

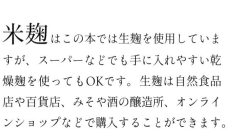

米麹はこの本では生麹を使用していますが、スーパーなどでも手に入れやすい乾燥麹を使ってもOKです。生麹は自然食品店や百貨店、みそや酒の醸造所、オンラインショップなどで購入することができます。

塩はどんな塩でも作れますが、おすすめは粗塩です。うまみが出て、まろやかな味わいに仕上がります。

いつもの炊飯器と、ジッパー付き保存袋

炊飯器の保温温度はメーカーや機種によって異なりますが、70℃前後。米麹は70℃を超えると酵素が働きにくくなるので、60℃程度の温度がキープできるよう、必ずふたを開けたまま使います。温度や時間の調整ができればヨーグルトメーカーや保温調理器などでも同様に作ることができます。

ひと晩発酵調味料の

作り方のコツと保存のポイント

作る前に知っておきたいちょっとしたコツと、
ひと晩発酵調味料をより楽しめる
保存のポイントを紹介します。

材料の米麹は
室温にもどす

ひと晩発酵調味料は米麹などを60℃程度の温度で保温して作ります。冷蔵室や冷凍室で保存しておいた米麹を使う場合は、取り出して室温にもどしてから使いましょう。

一度に数種類を
作ることができる

ジッパー付き保存袋で作るひと晩発酵調味料は、一度に数種類作ることができるのもメリットです（倍量を一度に作ることもできます）。ただし、カレー麹やナンプラー麹など、香りの強いものを組み合わせるのはおすすめしません。

カレー麹は
冷凍保存がおすすめ

市販のルウなしでおいしくヘルシーなカレーが作れるカレー麹は、冷凍保存が可能です。2か月ほどは風味をキープすることができ、冷凍室に常備しておけば、家族からリクエストがあったときにすぐ作れて便利です。

保存は清潔な
びんなどに移す

保存は保存びんなどに移し替え、冷蔵室で保存するのが、液もれしにくくおすすめです。清潔な保存びんを使ってください。食品にも使えるアルコール消毒スプレーを使えば、煮沸消毒の手間もなく、手軽です。

PART 1

塩麹

「ごはんを炊くときに、塩麹」
わが家ではこれが塩麹の使い方の定番なのですが、
それをお伝えするとおどろかれることが多いのです。
肉や魚を漬け込むことが多い塩麹（もちろん私もよくやります！）ですが、
白いごはんはもちろん、雑穀米や玄米、
季節に合わせた炊き込みごはんのときにも活躍します。
冷めてももっちりおいしく、まろやかな塩けは、ごはんの甘み、
素材の味を引き出してくれます。
塩麹ってまだまだいろいろな使い方ができる、万能調味料なんです。
そんな塩麹、1週間ほど毎日かき混ぜながら作ることが多かったのですが、
実は炊飯器の保温機能を利用すると、かき混ぜる手間もなく、
ひと晩で作れるんです。
さらにこの作り方だと、酵素の影響で甘みのある仕上がりに。
塩麹がはじめての方も、作ったことがある方も、
ぜひ「ひと晩発酵塩麹」を試してみてください。

塩麹

● 材料（作りやすい分量）

生米麹（または乾燥米麹・室温にもどす）── 200g

塩 ── 60g

水 ── 1カップ※

※乾燥米麹の場合は約1と1/4カップ。

1_
麹と塩を混ぜる

ジッパー付き保存袋に米麹を入れ、かたまりがあれば手でほぐす。塩を加えてよく混ぜる。

2_
水を加える

水を加え、袋の上からもみ混ぜる（湿度や麹の状態によっても変わるので、全体に水がいきわたるくらいに調整する）。

3_
保温する

炊飯器の内釜にふきんを敷き、2を袋の口を少し開けてのせる。炊飯器にセットし、ふたは開けたまま保温モードにし、8〜10時間おく。できれば途中で数回、袋の上からもみ混ぜるとよい。

4_
でき上がり

米麹がやわらかくなったらでき上がり。すぐに使え、冷蔵室で約3か月保存可能。

室温で作る場合

ほぐした米麹と塩を混ぜ、保存びんなどに入れる。水を加え、ふたをして室温に4日〜1週間を目安におく。1日1回清潔なスプーンで混ぜる（混ぜても表面が乾いていたら、少量の水を足す）。米麹がやわらかくなったらでき上がり。

塩麹トマトごはん

塩麹とトマト、2つのうまみが広がる炊き込みごはん。
仕上げに、こしょうをふるのもおすすめです。

● 材料（作りやすい分量）
米（洗って30分浸水させ、ざるに上げる）── 2合
水 ── 1と3/4カップ
ミニトマト ── 20個
塩麹 ── 大さじ2

1_ 鍋に米、水を入れ、塩麹を加えて軽く混ぜる。ミ
   ニトマトをのせる。
2_ ふたをして中火にかけ、煮立ったら弱火にし、
   10分炊く。火を止め、そのまま10分蒸らす。全
   体を混ぜる。

＜炊飯器で炊く場合＞
炊飯器の内釜に米を入れ、2合の目盛りの3mmほど下
まで水を入れる。塩麹を加え軽く混ぜ、ミニトマトをの
せて炊く。

小松菜の塩麹かき玉スープ

塩麹のやさしい塩けをふんわり卵と野菜にまとわせます。
じんわりと体にしみ込む一杯に。

● 材料（2人分）
小松菜（3〜4cm長さに切る）── 1/2束（100g）
玉ねぎ（縦薄切り）── 1/4個
卵 ── 1個
水 ── 2カップ
鶏ガラスープの素（顆粒）── 小さじ1/2
塩麹 ── 小さじ2
こしょう ── 少々

1_ 鍋に水、鶏ガラスープの素を入れて中火で煮立て
   る。玉ねぎを加えて2〜3分煮たら、小松菜を加
   えて30秒ほど煮る。
2_ 煮立っている状態で溶きほぐした卵をまわし入
   れ、塩麹で調味する。器に注ぎ、こしょうをふる。

長いもの塩麹わさびあえ

長いもを塩麹とわさびでささっとあえるだけ。
しゃくしゃくっとした軽快な歯ざわりに、箸が進みます。

● 材料（2人分）
長いも（皮をむいて短冊切り）── 120g
塩麹 ── 小さじ1
練りわさび ── 少々

1_ ボウルに長いもを入れ、塩麹、わさびを加えてあ
   える。

ささ身の塩麹蒸し

電子レンジでOK! 塩麹のおかげでしっとりやわらかに仕上がります。
そのままおつまみにもおすすめですが、ざっくりさいて、
サンドイッチやサラダのトッピングにしてもおいしいんです。

● 材料 (作りやすい分量)

鶏ささ身(筋なし) ── 4本(240g)
塩麹 ── 小さじ4
酒 ── 大さじ1
サニーレタス ── 適量

1_ 耐熱皿に鶏ささ身を入れ、塩麹をもみ込む。ラップをかけて
　　冷蔵室に15分ほどおく。
2_ 酒をふり、ふんわりとラップをかけて電子レンジで3分30秒
　　ほど加熱する。
3_ そのまま粗熱を取り、食べやすく切る。サニーレタスととも
　　に器に盛る。

きゅうりの塩麹漬け

ごはんの友にも、お酒のつまみにも。
歯切れの良さが楽しめます。

● 材料（作りやすい分量）

きゅうり —— 5本
A｜ 塩麹 —— 大さじ2と1/2
　　酢 —— 大さじ1
　　砂糖 —— 小さじ1
　　赤唐辛子（小口切り）—— 1本

1_ まな板にきゅうりを横向きにのせ、前後に割り箸
　　をはさむように置く。割り箸の高さまで斜めに細
　　かく切り込みを入れる。きゅうりを裏返して、同
　　様に切り込みを入れる。
2_ ジッパー付き保存袋にきゅうりを入れ、Aを加え
　　てなじませる。口を閉じ、バットに入れ、1kgの重
　　しをのせて冷蔵室に1日ほどおく。食べやすく切る。
・冷蔵室で3〜4日保存可能。

白菜の塩麹のりサラダ

塩麹とのりで、いつもの塩もみよりも
ぐっとうまみがアップ。ごまの香ばしさも◎。

● 材料（2人分）

白菜（2cm幅に切る）—— 2枚（200g）
塩麹 —— 大さじ1
A｜ ごま油、酢 —— 各小さじ1
焼きのり（ちぎる）—— 全形1/2枚
白いりごま —— 大さじ1

1_ ポリ袋に白菜を入れ、塩麹を加えて袋の上から
　　しっかりもむ。空気を抜いて口を閉じ、冷蔵室に
　　30分ほどおく。
2_ 1の水けをしっかりとしぼってボウルに入れ、A、
　　焼きのり、白いりごまを加えてあえる。

きのこの塩麹ペペロンチーノ

パスタの別ゆでなし、フライパンひとつで、失敗なく作れます。
たっぷりのきのこと塩麹でうまみたっぷり！

● 材料（2人分）

スパゲッティ（乾・太さ1.6mm・ゆで時間9分）
　── 160g

しめじ、まいたけ（食べやすくほぐす）、
　エリンギ（長さを半分に切り、縦にさく）
　── 合わせて300g

ベーコン（1cm幅に切る）── 2枚

にんにく（薄切り）── 1かけ

赤唐辛子（種を除く）── 1本

オリーブオイル ── 大さじ4

水 ── 2カップ

塩麹 ── 大さじ1と1/2

万能ねぎ（小口切り）── 適量

こしょう ── 少々

1_ フライパンにオリーブオイル大さじ2、にんにく、赤唐辛子を入れ中火にかける。香りが立ったら強めの中火にし、きのこ、ベーコンを加えて3〜4分炒めていったん取り出す。

2_ 1のフライパンに、残りのオリーブオイル、水、塩麹を入れて中火で煮立て、スパゲッティを半分に折って加える。混ぜながら8分ほど煮る。水けが残っていたら少し火を強めて水けを飛ばす。

3_ 1を戻し入れてひと混ぜし、器に盛る。万能ねぎを散らし、こしょうをふる。

塩麹豚

そのまま焼いても、
炒めものに使っても。
豚バラ肉でも作れます。

[材料と作り方(作りやすい分量)] 豚肩ロース肉(かたまり)500gは全体にフォークで穴を開け、ジッパー付き保存袋に入れる。塩麹大さじ2と1/2を加えてもみ込み、空気を抜いて口を閉じ、冷蔵室に2日間おく。

ゆで塩麹豚

まろやかな塩けでうまみが引き立ちます。
好みで葉野菜やマスタードを添えて。

● 材料 (作りやすい分量)

塩麹豚(上記参照) —— 全量

1_ 厚手の鍋に塩麹豚を塩麹ごと入れ、かぶるくらいの水(1〜1.5ℓ)を入れて中火にかける。煮立ったらアクを取り、肉の上下を返して弱火にし、12〜13分ゆでる。

2_ 再び上下を返して火を止め、ふたをして1時間30分ほどおく。汁けを取り、食べやすく切る。

塩麹豚のロースト

塩麹のおかげで肉がおどろくほどやわらか。

● 材料 (作りやすい分量)

塩麹豚(上記参照・室温にもどす) —— 全量
玉ねぎ(8つ割り) —— 1個
じゃがいも(皮つきのまま1.5cm幅に切る) —— 2個
にんじん(皮つきのまま1.5cm幅に切る) —— 1本
オリーブオイル —— 大さじ2

1_ フライパンにオリーブオイル大さじ1/2を中火で熱し、塩麹豚の塩麹を軽くぬぐって入れ、面を変えながら5分ほど焼いて表面に焼き色をつける。

2_ アルミホイルを敷いたオーブンの天板に野菜を入れ、残りのオリーブオイルをまぶす。1をのせ、180℃のオーブンで30分ほど焼く(15〜20分焼いて、こげそうならアルミホイルをかぶせる)。取り出して豚肉をアルミホイルで包み、15分ほどおく。

PART 2

玉ねぎ麹

玉ねぎ麹ができ上がったら、まずは香りを楽しんでいただきたいのです。
びっくりしますが、本当にコンソメの香り。
スープに入れるとたっぷりの野菜をコトコト煮るだけで、
うまみが広がり、とてもおいしく仕上がります。
玉ねぎ麹は加熱せずに使うこともできます。
トマト、セロリなどの生野菜や、ズッキーニ、パプリカなどの焼き野菜と
さっとあえるだけでもおいしいですよ。
また肉や魚を漬けたり、ハンバーグに加えると、
玉ねぎの酵素の力も加わってとてもやわらかく、おいしく仕上がります。
「玉ねぎ麹」はコンソメ代わりになるうまみ調味料です。

玉ねぎ麹

● 材料（作りやすい分量）

玉ねぎ ── 1個（200g）
生米麹（または乾燥米麹・室温にもどす） ── 70g
塩 ── 30g

1_
下準備

玉ねぎはフードプロセッサーでペースト状になるまで攪拌する（またはすりおろす）。

2_
混ぜる

ジッパー付き保存袋に米麹を入れ、かたまりがあれば手でほぐす。1、塩を加え、袋の上からもみ混ぜる。

3_
保温する

炊飯器の内釜にふきんを敷き、2を袋の口を少し開けてのせる。炊飯器にセットし、ふたは開けたまま保温モードにし、6〜8時間おく。できれば途中で数回、袋の上からもみ混ぜるとよい。

4_
でき上がり

玉ねぎのうまみが出ていたらでき上がり。すぐに使え、冷蔵室で2〜3週間保存可能。

野菜たっぷり玉ねぎ麹スープ

麹と野菜の甘みで、うまみ調味料は使わないのに、深い味わい。
家にありそうな具材で作りましたが、野菜はお好みのものでOKです。
これにパンやごはんがあれば、おなかがほっと落ち着きます。

● 材料（2人分）

キャベツ（ざく切り）── 1〜2枚(100g)

ブロッコリー（小房に分ける）── 1/2個

にんじん（1cm角に切る）── 1/4本

ベーコン（1cm幅に切る）── 1枚

オリーブオイル ── 小さじ2

水 ── 2と1/2カップ

玉ねぎ麹 ── 大さじ2

こしょう ── 少々

1_鍋にオリーブオイルを中火で熱し、キャベツ、ブロッコリー、にんじん、ベーコンを炒める。しんなりとしたら、水、玉ねぎ麹を加える。

2_煮立ったらにんじんがやわらかくなるまで4〜5分煮る。器に盛り、こしょうをふる。

豚肉ともやしの玉ねぎ麹炒め

玉ねぎ麹は半量を肉の下味に、半量を全体の味つけに使います。

しっかりと下味をつけた豚肉が、味のまとめ役。

シンプルな炒めものですが、ビシッと味が決まります。

● 材料（2人分）

豚こま切れ肉 —— 200g

もやし —— 1袋（200g）

にら（3〜4cm長さに切る）—— 1/2束

玉ねぎ麹 —— 大さじ2

ごま油 —— 小さじ1

こしょう —— 少々

1_ ボウルに豚肉、玉ねぎ麹の半量を入れてもみ、10分ほどおく。

2_ フライパンにごま油を中火で熱し、1を炒める。肉の色が変わったら、もやし、にら、残りの玉ねぎ麹を加え、さっと炒め合わせる。器に盛り、こしょうをふる。

玉ねぎ麹のハンバーグ

ひき肉と卵、パン粉さえあれば！　玉ねぎを刻む手間もなしで、
ふっくらジューシーなハンバーグがあっという間に。

● 材料（2人分）

合いびき肉 — 300g

A｜卵 — 1個
　｜玉ねぎ麹 — 大さじ1
　｜パン粉 — 20g
　｜こしょう — 少々

オリーブオイル — 小さじ1

酒 — 大さじ1

B｜トマトケチャップ、酒 — 各大さじ2
　｜玉ねぎ麹 — 大さじ1

ベビーリーフ — 適量

1＿ ボウルにひき肉とAを入れ、粘りが出るまでよく練り混ぜる。手に数回打ちつけるようにして空気を抜き、2等分して丸く形をととのえる。

2＿ フライパンにオリーブオイルを中火で熱して1を並べ、焼き色がつくまで2分ほど焼く。上下を返して、さらに2分ほど焼く。

3＿ 酒をふってふたをし、弱火にして6〜7分蒸し焼きにする。竹串を刺してみて、透明な肉汁が出るようになったら焼き上がり。ベビーリーフとともに器に盛る。

4＿ 3のフライパンにBを入れて弱めの中火にかけ、とろりとするまで加熱し、ハンバーグにかける。

トマトの玉ねぎ麹マリネ

切ってあえるだけで、絶妙なつけ合わせに。
トマトのおいしい季節には、毎日食べたいひと皿です。

● 材料（2人分）

トマト（ひと口大に切る）— 1個

A｜玉ねぎ麹 — 小さじ2
　｜白ワインビネガー — 小さじ1

1＿ ボウルにトマトを入れ、Aを加えてあえる。

かぼちゃの豆乳ポタージュ

主な材料はかぼちゃだけなのに、玉ねぎ麹のおかげで奥深い味わいに。
豆乳仕上げで体にやさしい、わが家の定番ポタージュです。

● 材料（2人分）

かぼちゃ（皮つきのまま1cm厚さの
　ひと口大に切る）— 1/8個（250g）

バター — 10g

水、豆乳（無調整）— 各3/4カップ

玉ねぎ麹 — 大さじ1

1＿ 鍋にバターを中火で熱し、かぼちゃをさっと炒める。水、玉ねぎ麹を加えてふたをし、煮立ったら弱火にして、かぼちゃがやわらかくなるまで7〜8分煮る。

2＿ 鍋の中でマッシャーなどで粗くつぶし、豆乳を加えて温める。

玉ねぎ麹のから揚げ

最低でも30分はおいて、下味をじんわりとしみ込ませてくださいね。
鶏肉がジューシーに、味わい深く仕上がります。

● 材料(2〜3人分)

鶏もも肉(ひと口大に切る) —— 2枚(600g)
玉ねぎ麹 —— 大さじ3
薄力粉 —— 大さじ2
片栗粉、揚げ油 —— 各適量

1_ ポリ袋に鶏肉と玉ねぎ麹を入れてもみ混ぜ、空気を抜いて口を閉じ、冷蔵室に30分〜ひと晩おく。

2_ 1に薄力粉を加えてもむ。バットに片栗粉を広げ、鶏肉を入れてまぶす。

3_ 揚げ油を約180℃に熱し、2を入れ、2分ほどしたら上下を返し、1〜2分揚げる。いったん取り出して5分ほどおく。

4_ 揚げ油を約190℃にし、3を戻し入れ、30秒〜1分ほど揚げて油をきる。

玉ねぎ麹の
キャロットラペ

たっぷり作って、常備菜にも。
これ一品あるだけで、食卓が充実します。

● 材料（作りやすい分量）
にんじん（細切り）── 1本（200g）
オリーブオイル ── 小さじ1
A｜玉ねぎ麹、白ワインビネガー（または酢）
　｜── 各小さじ2

1_ フライパンにオリーブオイルを中火で熱し、にん
　　じんをさっと炒める。しんなりしたらAを加えて
　　さっと混ぜる。
・冷蔵室で3〜4日保存可能。

玉ねぎ麹の
スクランブルエッグ

5分もあれば完成する、お役立ちレシピ。
卵の甘みがふわりと引き立ちます。

● 材料（作りやすい分量）
卵 ── 2個
玉ねぎ麹 ── 小さじ1
バター ── 10g
こしょう ── 少々

1_ ボウルに卵を溶きほぐし、玉ねぎ麹を加えて混ぜる。
2_ フライパンにバターを中火で熱し、1を入れ、菜
　　箸で大きく混ぜる。半熟になったら器に盛り、こ
　　しょうをふる。

PART 3

発酵ケチャップ

発酵ケチャップの材料は、トマトと米麹と塩だけ。

砂糖も香辛料も使いません。こんなシンプルな材料なのに、奥深くておいしい！

米麹由来の酵素の力で甘みやうまみが出るので、コクのある仕上がりになるのです。

味が濃すぎず、たっぷり使えるのも発酵ケチャップのいいところ。

トマトや米麹の栄養もたくさんとることができます。

まずは、定番ピザトーストでお試しを。

たっぷりと発酵ケチャップを塗って、お好みの野菜やチーズをのせ、トースターへ。

なんともぜいたくな朝ごはんができ上がりますよ。

ほかには、卵やじゃがいもと合わせたり、ピカタに合わせたり、

いつものトマトケチャップと同じ使い方で楽しんでください。

発酵ケチャップ

● 材料（作りやすい分量）

カットトマト缶 — 1/2缶（200g）
生米麹（または乾燥米麹・室温にもどす）— 70g
塩 — 4g

1_
材料を合わせる

ジッパー付き保存袋に米麹を入れ、かたまりがあれば手でほぐす。トマト缶、塩を加える（乾燥米麹の場合は水大さじ1を追加する）。

2_
混ぜる

袋の上からもみ混ぜる。

3_
保温する

炊飯器の内釜にふきんを敷き、2を袋の口を少し開けてのせる。炊飯器にセットし、ふたは開けたまま保温モードにし、8〜10時間おく。できれば途中で数回、袋の上からもみ混ぜるとよい。

4_
でき上がり

甘みとうまみが出ていたらでき上がり。すぐに使え、冷蔵室で約1週間、冷凍室で約1か月保存可能。

ピザトースト

トマトのおいしさが凝縮した発酵ケチャップは、
たっぷり塗っても濃すぎず、栄養も味わいもぜいたくな朝食に。
ぴったりのトッピングを考えるのもまた、楽しいんです。

●材料（2人分）

食パン —— 2枚
発酵ケチャップ —— 大さじ2
ピザ用チーズ —— 40g
ハム（半分に切ってから1cm幅に切る）—— 1枚
ピーマン（薄い輪切り）—— 適量

1_ 食パンに発酵ケチャップを大さじ1ずつ塗り、
   チーズ、ハム、ピーマンを等分に散らす。
2_ オーブントースターの天板に、一度丸めてから広
   げたアルミホイルを敷き、1をのせ、こんがりと
   焼き色がつくまで5分ほど焼く。

梅ケチャップチキン

発酵ケチャップがかもし出すうまみ、甘みに、
梅干しのフルーティーな酸味が絶妙にマッチ。
上品な酢豚のような味わいで、ついつい手が出るおいしさです。

● 材料（2〜3人分）

鶏もも肉（ひと口大に切る）—— 1枚（250g）
玉ねぎ（縦薄切り）—— 1/2個（100g）
ピーマン（縦半分、横3等分に切る）—— 3個
にんにく（みじん切り）—— 1かけ
塩 —— ひとつまみ
こしょう —— 適量
オリーブオイル —— 大さじ1
A │〈混ぜ合わせる〉
　│　梅干し（種を取ってたたく）—— 2個
　│　**発酵ケチャップ** —— 大さじ4
　│　しょうゆ —— 小さじ1/2

1_ 鶏肉に塩、こしょうをふってもむ。
2_ フライパンにオリーブオイルを中火で熱し、鶏肉を皮目を下にして入れる。焼き色がつくまで5〜6分焼く。
3_ 上下を返して端に寄せ、あいているところに玉ねぎ、ピーマン、にんにくを入れて3〜4分炒める。Aを加えて全体を炒め合わせる。

発酵ケチャップのタコライス

発酵ケチャップにカレー粉をプラスして、スパイシーなタコミートに。
ごはんに合わせましたが、パンにのせてトーストしてもよく合います。
ほのかな甘みのやさしい味わいです。

● 材料（2人分）

合いびき肉 —— 150g
トマト（1cm角に切る）—— 小1個（100g）
レタス（1cm幅に切る）—— 2〜3枚
玉ねぎ（みじん切り）—— 1/2個
にんにく（みじん切り）—— 1かけ
玄米ごはん —— 茶碗2杯分
オリーブオイル —— 小さじ2
カレー粉 —— 大さじ1
A ｜〈混ぜ合わせる〉
　　発酵ケチャップ —— 大さじ3
　　酒 —— 大さじ1
　　しょうゆ —— 小さじ1

1_ フライパンにオリーブオイル、にんにくを入れて
　　中火にかけ、香りが出たら、玉ねぎを加えてしん
　　なりするまで炒める。
2_ ひき肉、カレー粉を加えて炒め、ひき肉の色が変
　　わったら、Aを加えてさっと炒める。
3_ 器にごはんを盛り、レタス、2、トマトをのせる。

ポークチャップ

豚肉とトマトの風味は、本当に相性のいい組み合わせ。
発酵ケチャップの酵素が豚肉をやわらかく仕上げてくれます。
ボリューム感もあって簡単だから、時間がないときにも役立つレシピです。

● 材料（2人分）

豚ロースとんかつ用肉（筋切りをする）
　　— 2枚（300g）
玉ねぎ（縦薄切り）— 1/2個
塩、こしょう — 各少々
発酵ケチャップ — 大さじ1
薄力粉 — 適量
サラダ油 — 小さじ2
A　〈混ぜ合わせる〉
　　発酵ケチャップ — 大さじ3
　　白ワイン — 大さじ1
　　しょうゆ — 小さじ1/2
サニーレタス — 適量

1_ 豚肉は塩、こしょうをすり込み、発酵ケチャップ
　 をからめて10分ほどおく。薄力粉を薄くまぶす。
2_ フライパンにサラダ油を中火で熱し、玉ねぎ、豚
　 肉を入れる。玉ねぎは炒め、豚肉は片面3分くら
　 いずつ焼く。Aを加えてからめ、サニーレタスと
　 ともに器に盛る。

ささ身のピカタ 発酵ケチャップ添え

卵をまとわせてソテーすると、ささ身が食べごたえのあるひと皿に。
チーズをプラスして、味わいに変化をつけました。
発酵ケチャップは、たっぷりめにのせるのがおすすめです。

● 材料（2人分）

鶏ささ身（筋なし） —— 4本（240g）

塩 —— 小さじ1/4

こしょう —— 少々

薄力粉 —— 適量

A │〈混ぜ合わせる〉
　│卵 —— 1個
　│粉チーズ —— 小さじ2

ベビーリーフ —— 適量

発酵ケチャップ —— 大さじ5〜6

1_ 鶏ささ身は厚みの中心に切り込みを1本入れて開き、塩、こしょうをふり、薄力粉をまぶす。

2_ オーブントースターの天板にアルミホイルを敷き、1にAをからめて2枚のせ、8〜10分焼く。残りも同様に焼く。

3_ ベビーリーフとともに器に盛り、発酵ケチャップをかける。

カリカリポテト

ポテトとケチャップも究極のコンビ。
ひとつ、もうひとつと食べてしまいます。

● 材料（2人分）
じゃがいも（1cm幅の輪切り）—— 2個
オリーブオイル —— 大さじ2
発酵ケチャップ —— 大さじ4
塩 —— 適量

1_ 耐熱皿にじゃがいもを並べ、ふんわりとラップを
  かけて電子レンジで1分30秒ほど加熱する。水
  けをふく。
2_ フライパンにオリーブオイルを中火で熱し、1を
  並べ、カリッとするまで片面3〜4分ずつ焼く。
  器に盛って塩をふり、発酵ケチャップを添える。

ソーセージの
発酵ケチャップ炒め

カレーの香りが食欲をそそります。
ビールのおともにぜひ！

● 材料（2人分）
ウインナーソーセージ（1cm幅の斜め切り）—— 5本
玉ねぎ（縦薄切り）—— 1/2個
オリーブオイル —— 小さじ2
発酵ケチャップ —— 大さじ3
カレー粉 —— 小さじ1/4

1_ フライパンにオリーブオイルを中火で熱し、玉ね
  ぎ、ウインナーを炒める。発酵ケチャップ、カレー
  粉を加えてさっと炒める。

PART 4

ひと晩発酵
おからみそ

基本のみそは、大豆をゆでて、米麹と合わせ、
それを半年から1年ほど発酵させて作ります。
これをできるだけ気軽に、〈ひと晩〉で作ろうと思って考えたのが、
炊飯器の保温機能を使って作る「ひと晩発酵みそ」です。
ここでは、さらに簡単に作れるひと晩発酵みその作り方を紹介します。
その秘密は、「おから」を使うこと。大豆をゆでる必要もなく、おどろくほど簡単！
保温することで酵素がよくはたらき、甘みたっぷりのみそに仕上がります。
塩分が少なく、白みそのような味わいで、たっぷりと使えるのもうれしい。
そのままあえものやディップに、焼きおにぎりやトーストに……。
もちろんみそ汁にも。米麹の甘みでほっこりやすらぐみそ汁になります。
米麹の栄養に加えて、おからの食物繊維もとれる、ヘルシーな調味料です。

ひと晩発酵おからみそ

● 材料（作りやすい分量）

生米麹（または乾燥米麹・
　室温にもどす）── 250g
おから（生）── 150g
塩 ── 25g
水 ── 3/4カップ※
※乾燥米麹の場合は1カップ

1_
下準備

米麹はフードプロセッサーに入れ、細かくくだく。塩を加えてさらに攪拌し、ボウルに移す。鍋におからと水を入れて弱めの中火にかけ、混ぜながら50℃くらい（指を入れてみて、やや熱いと感じる程度）に温める。

2_
混ぜる

1のボウルにおからを加え、手でつぶすようにしながら全体がなじむまでよく混ぜる。ジッパー付き保存袋に入れる。

3_
保温する

炊飯器の内釜にふきんを敷き、2を袋の口を少し開けてのせる。炊飯器にセットし、ふたは開けたまま保温モードにし、6〜8時間おく。できれば途中で数回、袋の上からもみ混ぜるとよい。

4_
でき上がり

甘みとうまみが出ていたらでき上がり。すぐに使え、冷蔵室で約1か月、冷凍室で約2〜3か月保存可能。

きのこ豚汁

うまみたっぷりの材料とおからみそで、だし汁なしでもおいしい豚汁に。
きのこはお好みのものでOKですが、数種類入れるとより味わい深くなります。

● 材料（2人分）

豚こま切れ肉 — 80g
しめじ、まいたけ（食べやすくほぐす）
　— 各1/2パック（合わせて100g）
しょうが（せん切り） — 1かけ
ごま油 — 小さじ2
水 — 2カップ
ひと晩発酵おからみそ — 大さじ3

1_ 鍋にごま油を中火で熱し、きのこ、しょうが、豚肉を炒める。きのこがしんなりし、肉の色が変わったら水を加える。
2_ 煮立ったら2〜3分煮て火を弱め、おからみそを溶き入れる。

鶏むね肉のみそ漬け焼き

あっさりとした鶏むね肉は、おからみそのやさしい甘みと好相性。
ぬぐったみそは、みそ汁など加熱調理に使えます。

● 材料（2人分）

鶏むね肉（厚い部分に切り込みを入れ、
　厚みを均一にする） — 2枚（500g）
ごま油 — 小さじ2
A ｜〈混ぜ合わせる〉
　｜ひと晩発酵おからみそ — 大さじ6
　｜みりん — 大さじ1と1/2
サニーレタス — 適量

1_ ポリ袋に鶏肉を入れ、Aを加えてからめ、空気を抜いて口を閉じる。冷蔵室にひと晩おく。
2_ 1を焼く30分〜1時間ほど前に冷蔵室から出して室温にもどし、Aをぬぐう。
3_ フライパンにごま油を弱めの中火で熱し、2を皮目を下にして入れ、ふたをして3〜4分焼く。上下を返してさらに3〜4分焼いて取り出し（こげやすいので、様子を見ながら焼き時間は調整する）、5分ほどおいてから食べやすく切る。サニーレタスとともに器に盛る。

いんげんのごまみそあえ

甘みとうまみが強いので調味料はおからみそだけ。
「同量のすりごまと合わせる」と覚えておくと、他の野菜にも応用できます。

● 材料（作りやすい分量）

さやいんげん — 100g
A ｜ひと晩発酵おからみそ、白すりごま
　｜　— 各大さじ2

1_ 鍋に湯を沸かし、塩少々（分量外）を加え、いんげんを入れて1分ほどゆでる。ざるに上げ、粗熱が取れたら3〜4cm長さに切る。
2_ ボウルにAを入れて混ぜ、1を加えてあえる。
・冷蔵室で3〜4日保存可能。

キャベツの豆乳みそチャウダー

大豆つながりの豆乳とおからみその相性は、いわずもがな。
キドニービーンズも加えて、食感に変化をつけました。
栄養価も満点で、おなかも満足。朝食にもぴったりのおだやかな味わいです。

● 材料（2人分）

キャベツ（2cm角に切る）── 1枚（100g）

キドニービーンズ（水煮）── 50g

玉ねぎ（1cm角に切る）── 1/2個

ベーコン（1cm角に切る）── 2枚

水、豆乳（無調整）── 各1カップ

オリーブオイル ── 小さじ2

ひと晩発酵おからみそ ── 大さじ2

こしょう ── 少々

1_ 鍋にオリーブオイルを中火で熱し、玉ねぎ、ベーコンを炒める。玉ねぎがしんなりしたらキャベツを加えてさっと炒め、水を加えてふたをし、煮立ったら弱火にして2〜3分煮る。

2_ 豆乳、キドニービーンズを加えて温め、おからみそを溶き入れる。器に盛り、こしょうをふる。

ピーマンのみそ肉巻き

おからみそを塗った豚肉をくるりと巻いて、焼くだけ。
豚肉はもちろん、蒸し焼きでしんなりしたピーマンがまたおいしい!
あっという間に作れる自慢のレシピです。

● 材料（2人分）

豚バラ薄切り肉 —— 8枚
ピーマン（縦半分に切る）—— 4個
ひと晩発酵おからみそ —— 大さじ4
サラダ油 —— 小さじ1
水 —— 大さじ1

1_ 豚肉の片面におからみそを1/8量ずつ塗り、みそを塗った面を内側にしてピーマンを1切れずつ巻く。

2_ フライパンにサラダ油を中火で熱し、1を巻き終わりを下にして並べ、1分ほど焼く。転がしながら、さらに2〜3分加熱する。水を加えてふたをし、弱火にして3〜4分焼く。

みそタルティーヌ

パンにみそ？　と思われるかもしれませんがこの組み合わせ、かなり自信作。
お好みでバターをのせたり、オリーブオイルをふってどうぞ。
小腹がすいたときに、ワインのおつまみに、ちょうどいいんです。

● 材料（2人分）
バゲット（斜め薄切り） ── 6枚
ひと晩発酵おからみそ ── 大さじ3
万能ねぎ（小口切り） ── 大さじ1と1/2

1_ おからみそ、万能ねぎを混ぜ合わせる。
2_ バゲットに1を等分に塗り、オーブントースター
　　でこんがりとするまで3〜4分焼く。

みそ風味の里いもマッシュ

クラッカーやパンにたっぷりと。
もっちり、滋味深い味わいがお気に入り。

● 材料（2人分）

里いも —— 小5個（250g）
クリームチーズ（ブロックタイプ）—— 1個（約16g）
ひと晩発酵おからみそ —— 大さじ1と1/2
クラッカー、こしょう —— 各適量

1_ 里いもは洗った水けがついたまま耐熱皿にのせ、
　　ふんわりとラップをかけて電子レンジで6〜7分、
　　竹串がすっと刺さるようになるまで加熱する（ま
　　たは蒸気が上がった蒸し器で20〜30分蒸す）。
　　熱いうちに皮をむく。
2_ ボウルに1を入れてマッシャーなどでつぶし、ク
　　リームチーズ、おからみその順に加えてそのつど
　　混ぜる。器に盛り、こしょうをふる。クラッカー
　　を添える。

はんぺんの梅みそ焼き

甘めのおからみそに、梅干しの酸味が
アクセント。飽きずに食べられます。

● 材料（2人分）

はんぺん —— 1枚
A ｜〈混ぜ合わせる〉
　｜ひと晩発酵おからみそ —— 小さじ2
　｜梅干し（種を取ってちぎる）—— 1個

1_ はんぺんは半分に切り、切り込みを入れてポケッ
　　ト状にする。Aを等分に詰める。
2_ オーブントースターの天板にアルミホイルを敷き、
　　1を並べ、焼き色がつくまで6〜7分焼く。

PART 5

発酵コチュジャン

市販のコチュジャンは水あめが入っていることが多いので、
もう少し自然な甘みのコチュジャンが米麹で作れないかな……。
そう思って作ったのが発酵コチュジャンです。
米麹由来のやさしい甘みに加えてうまみも増し、
香味野菜を加えたかのような、コクのある味わいに仕上がりました。
この発酵コチュジャン、どんな食材とも相性がいいのがおすすめポイント。
たっぷりの野菜、焼いた豚肉に発酵コチュジャンを合わせて食べると、
ぜいたくなサムギョプサル風が簡単に。
料理の味つけに発酵コチュジャンを加えると、ほどよい辛さで、
なんとも奥深い味わいの料理を作ることができます。
キムチ鍋も鍋の素いらずでおいしくできるので、わが家の定番になっています。

発酵コチュジャン

● 材料（作りやすい分量）

生米麹（または乾燥米麹・
　室温にもどす）—— 50g
韓国産唐辛子（細びき、粗びきを
　混ぜるのがおすすめ）—— 10g
塩 —— 5g
水 —— 80ml

1_
材料を合わせる

ジッパー付き保存袋に米
麹を入れ、かたまりがあ
れば手でほぐす。唐辛子、
塩を加えてよく混ぜ、水
を加える。

2_
混ぜる

水分が全体にいきわたる
ようにもみ混ぜる。

3_
保温する

炊飯器の内釜にふきんを
敷き、2を袋の口を少し
開けてのせる。炊飯器に
セットし、ふたは開けた
まま保温モードにし、8
〜10時間おく。できれば
途中で数回、袋の上から
もみ混ぜるとよい。

4_
でき上がり

とろりとしたらでき上が
り。すぐに使え、冷蔵室
で2〜3週間、冷凍室で
2か月保存可能。

サムギョプサル

発酵コチュジャンは辛さはおだやか、甘みもあるから多めにのせても辛すぎません。
サンチュでくるりと巻いたら、いくらでも食べられそう。
手間がかからないのにごちそう感。おもてなしにもおすすめです。

●材料（2人分）

豚肩ロース肉〈焼き肉用〉── 200g
サンチュ、青じそ、発酵コチュジャン ── 各適量
塩 ── 小さじ1/4
こしょう ── 少々
サラダ油 ── 小さじ1

1_ 豚肉は塩、こしょうをふる。

2_ フライパンにサラダ油を中火で熱し、1を並べ、片面2分くらいずつ焼く。

3_ サンチュ、青じそとともに器に盛り、発酵コチュジャンを添える。

キムチ鍋

だし汁は使わなくても、豚肉と発酵コチュジャンのうまみで味わい深い。
麹の甘みがあるので、辛さはマイルドで食べやすいです。
食べているうちに体が内側から温まって、ぽかぽかに。

● 材料(3〜4人分)

豚バラ薄切り肉(5cm幅に切る)—— 150g
白菜キムチ(漬け汁ごと)—— 300g
長ねぎ(青い部分も含めて斜め薄切り)—— 1本
にら(3cm長さに切る)—— 1/2束
ごま油 —— 小さじ2
水 —— 4カップ
A 発酵コチュジャン、みりん —— 各大さじ1
みそ —— 小さじ2

1_ 鍋にごま油を中火で熱し、豚肉、キムチ、長ねぎを入れて炒める。
2_ 肉の色が変わったら水、Aを加え、煮立ったらにらを加えてさっと煮る。

蒸しなすの梅コチュジャンあえ

発酵コチュジャンに梅の酸味を合わせて、後味さっぱり。
なす以外にも、お好みのゆで野菜や生野菜と合わせてどうぞ。
覚えておくと便利な万能だれです。

● 材料（2人分）

なす —— 3個

A｜ 発酵コチュジャン —— 大さじ1
　｜ 梅干し（種を取ってたたく）—— 1個
　｜ しょうゆ —— 小さじ1/2

ごま油 —— 適量

1_ なすは1個ずつラップに包み、耐熱皿にのせて電子レンジで4分ほど、やわらかくなるまで加熱し、そのまま粗熱を取る。

2_ ボウルにAを合わせ、なすを手でさいて加え、あえる。器に盛り、ごま油をかける。

えびの発酵コチュジャンマヨ

マヨネーズを合わせた発酵コチュジャンだれが、あっさりとしたえびにぴったり。
辛さの中にもコクがあり、ついもうひとつ……となってしまうはず。
ちょっぴり加えた酢が味の引き締め役になります。

● 材料（2人分）

むきえび —— 200g
レタス（1cm幅に切る）—— 適量
片栗粉 —— 適量
サラダ油 —— 大さじ1
A 〈大きめのボウルに混ぜ合わせる〉
　発酵コチュジャン —— 大さじ1と1/2
　マヨネーズ —— 大さじ1
　酢 —— 小さじ1/2

1_ えびは背に切り込みを入れて背わたを取り、片栗
　粉、塩各少々（分量外）をまぶしてもむ。水洗いし
　て水けをしっかりと拭き、片栗粉を薄くまぶす。
2_ フライパンにサラダ油を強めの中火で熱し、えび
　を3〜4分炒める。色が変わったらAに加えてか
　らめる。レタスとともに器に盛る。

長いもの発酵コチュジャングラタン

たたいた長いもに発酵コチュジャンとしょうゆをからめて、
チーズをのせてこんがりと。長いもの自然なとろみが、まるで
ホワイトソースのように広がって、満足度の高いひと皿に。

● 材料（2人分）

長いも —— 400g

ピザ用チーズ —— 60g

A｜しょうゆ —— 小さじ2

　｜発酵コチュジャン —— 小さじ1

万能ねぎ（小口切り）—— 適量

1_ 長いもは皮をむいてポリ袋に入れ、麺棒などでた
たいて細かくする。Aを加えてなじませる。

2_ 耐熱皿に1を入れ、チーズをのせ、オーブントー
スターでこんがりとするまで焼く。万能ねぎを散
らす。

カクテキ風

辛みをぐっと抑えたマイルドなカクテキ。
ぽりぽりと軽快な歯ごたえも楽しい。

● 材料（作りやすい分量）

大根（1.5cm角に切る）── 300g
塩 ── 小さじ1/2
A｜発酵コチュジャン ── 大さじ1と1/2
　｜しょうゆ ── 小さじ1/2
　｜にんにく、しょうが（すりおろす）── 各少々

1_ ボウルに大根を入れ、塩をふってもみ、10分ほ
　　どおく。
2_ 水けをしぼってポリ袋に入れ、Aを加えてもみ混
　　ぜる。空気を抜いて口を閉じ、冷蔵室に30分ほ
　　どおく。
・冷蔵室で3〜4日保存可能。

厚揚げの
発酵コチュジャンみそ焼き

あと一品がすぐほしい！　なんてときにも
これなら簡単。黒ごまの香りがアクセント。

● 材料（2人分）

厚揚げ（絹）── 小2枚
A｜〈混ぜ合わせる〉
　｜発酵コチュジャン ── 大さじ1
　｜みそ ── 小さじ1
黒すりごま ── 適量

1_ 厚揚げにAを等分に塗り、オーブントースターで7
　　〜8分、こんがりするまで焼く。
2_ 器に盛り、黒すりごまをふる。

PART 6

にんにく麹
しょうがねぎ麹

「市販のチューブの薬味も便利だけど、すりおろした薬味をもっと長持ちさせたい」
そんな話をうかがって考えてみたのが、このにんにく麹としょうがねぎ麹です。
にんにく麹は気軽に使えるよう、にんにくを効かせすぎないマイルドな仕上がりに。
ほどよい香りが食欲をそそります。
炒めものに加えたり、肉だねに加えたり、
パンに軽く塗って焼けば、ガーリックトーストが手軽に作れるのも便利です。
しょうがねぎ麹は、中華のうまみの素というイメージ。
わが家では中華系のスープを作るときは、しょうがねぎ麹で味つけします。
スープの素を使わなくても、おいしく仕上がりますよ。
ほかにもチャーハンに入れたり、麻婆豆腐に入れたり、
おうち中華が深い味わいになるので、大活躍です。

にんにく麹

● 材料（作りやすい分量）

生米麹（または乾燥米麹・
　室温にもどす）
　── 100g
にんにく
　── 3〜4かけ（20g）
塩 ── 25g
水 ── 1/2カップ※
※乾燥米麹の場合は120ml

1_
下準備

にんにくはすりおろす。

2_
混ぜる

ジッパー付き保存袋にす
べての材料を入れ、袋の
上からもみ混ぜる。

3_
保温する

炊飯器の内釜にふきんを
敷き、2を袋の口を少し
開けてのせる。炊飯器に
セットし、ふたは開けた
まま保温モードにし、6
〜8時間おく。できれば
途中で数回、袋の上から
もみ混ぜるとよい。

4_
でき上がり

にんにくのうまみがしっ
かり出ていたらでき上が
り。すぐに使え、冷蔵室
で2〜3週間保存可能。

空気に触れてい
る部分が緑が
かってくること
がありますが、問
題ありません。

しょうがねぎ麹

● 材料（作りやすい分量）

生米麹（または乾燥米麹・
　室温にもどす）
　── 100g
長ねぎ ── 1/2本
しょうが ── 20g
塩 ── 30g
水 ── 1/2カップ※
※乾燥米麹の場合は120ml

1_
下準備

長ねぎはみじん切りにし、
しょうがはすりおろす。

2_
混ぜる

ジッパー付き保存袋にす
べての材料を入れ、袋の
上からもみ混ぜる。

3_
保温する

炊飯器の内釜にふきんを
敷き、2を袋の口を少し
開けてのせる。炊飯器に
セットし、ふたは開けた
まま保温モードにし、6
〜8時間おく。できれば
途中で数回、袋の上から
もみ混ぜるとよい。

4_
でき上がり

うまみがしっかり出てい
たらでき上がり。すぐに
使え、冷蔵室で2〜3週
間保存可能。

ピーマンのにんにく麹あえ

にんにくの風味が強すぎないから、食べやすさは抜群。

ピーマンのほろ苦さをほどよく引き立ててくれます。

あと一品、というときに本当に助かるレシピです。

● 材料（作りやすい分量）

ピーマン（縦7mm幅の細切り）—— 5個

焼きのり —— 全形1/2枚

A｜にんにく麹 —— 大さじ1/2
　｜ごま油 —— 小さじ1

白いりごま —— 小さじ1

糸唐辛子（あれば）—— ひとつまみ

1_ 耐熱ボウルにピーマンを入れ、Aを加えて混ぜる。

2_ ふんわりとラップをかけ、電子レンジで2分加熱する。

3_ のりをちぎり入れ、白いりごまを加えて混ぜる。器に盛り、糸唐辛子をのせる。

にんにく麹のしそ餃子

鶏ひき肉で作るあっさりめの餃子は、
すっきりとした青じその香りが広がって、やさしい味です。
お好みで、レモン汁とこしょうをつけて食べても。

● 材料（3〜4人分）

鶏ひき肉 —— 150g

キャベツ（1cm四方に切る）—— 2〜3枚（150g）

青じそ（みじん切り）—— 10枚

餃子の皮 —— 16枚

塩 —— 小さじ1/4

A｜にんにく麹 —— 大さじ1と1/2
　｜ごま油 —— 小さじ1

サラダ油 —— 大さじ1

水 —— 1/2カップ

ごま油 —— 適量

1_ ボウルにキャベツを入れ、塩をふってもむ。5分
　 ほどおき、水けをしぼる。

2_ 別のボウルにひき肉、Aを入れて練り混ぜ、1、
　 青じそを加えて混ぜる。餃子の皮で等分に包む。

3_ フライパンにサラダ油を中火で熱し、いったん
　 火を止め、2を並べ入れる。再び中火にかけ、しっ
　 かり焼き色がついたら、水を加え、ふたをして4
　 分ほど蒸し焼きにする。

4_ ふたを取り、水けがほぼなくなったらごま油をま
　 わしかけ、カリッとするまで焼く。

カリカリ豚と豆苗のおかずサラダ

ほんのりとにんにくの風味をからめて炒めた豚肉を、豆苗と合わせます。
焼きつけるように炒めて香ばしさをつけると、ぐっと食欲をそそるおかずに。
野菜をもりもり食べたいときに、よく作ります。お好みの葉野菜でどうぞ。

● 材料（2人分）

豚バラ薄切り肉（5cm幅に切る）── 150g

豆苗（長さを3等分に切る）── 1袋

A｜ にんにく麹 ── 大さじ1
　｜ こしょう ── 少々

ごま油 ── 小さじ1/2

1_ 大きめのボウルに豆苗を入れる。別のボウルに豚肉を入れ、Aを加えてもみ込む。

2_ フライパンにごま油を中火で熱し、豚肉を広げ入れる。あまりさわらずに焼き色をつけるように炒める。熱いうちに豆苗のボウルに加えてさっとあえる。

ワカモーレ

ヨーグルトやレモンでさっぱりと。
にんにくの香りがふわり、ワインを呼びます。

● 材料（作りやすい分量）

アボカド（ひと口大に切る）── 1個
玉ねぎ（みじん切り）── 大さじ2
A｜ プレーンヨーグルト ── 大さじ1
　｜ にんにく麹 ── 小さじ1
　｜ レモン汁 ── 小さじ1/2
トルティーヤチップス ── 適量

1_ ボウルにアボカドを入れ、粗くつぶす。
2_ 玉ねぎ、Aを加えて混ぜる。器に盛り、トルティーヤチップスを添える。

ガーリックトースト

にんにく麹があれば、ガーリックトーストも
あっという間。スープに添えて、軽い食事に。

● 材料（2人分）

バゲット（縦半分に切る）── 1/2本
A｜ にんにく麹、オリーブオイル ── 各小さじ1
パセリ（みじん切り）── 適量

1_ ボウルにAを入れて混ぜ、バゲットの断面に等分に塗る。
2_ オーブントースターで3〜4分、こんがりするまで焼く。パセリをふる。

レタスチャーハン

定番チャーハンも、しょうがねぎ麹があればお店みたいな味わいに。
レタスは仕上げに加えて、シャキッとした食感を残します。

● 材料（2人分）

温かいごはん ── 茶碗2杯分（300g）
卵 ── 1個
しょうがねぎ麹 ── 大さじ2
レタス（食べやすくちぎる）── 1〜2枚
ごま油 ── 大さじ1
こしょう ── 少々

1_ ボウルに卵を溶きほぐし、しょうがねぎ麹を加えて混ぜる。
2_ フライパンにごま油を強めの中火で熱し、1、ごはんを順に入れて手早く炒める。なじんだらレタスを加えてさっと炒め合わせる。器に盛り、こしょうをふる。

わかめスープ

だし汁も、スープの素もなしで作る中華風スープ。
うまみや甘みを持つ具材をたっぷり加えて、満足の一杯に。

● 材料（2人分）

カットわかめ（乾燥・水でもどす）── 2g
焼きのり ── 全形1枚
長ねぎ（小口切り）── 10cm
ごま油 ── 小さじ1
水 ── 2カップ
A｜しょうがねぎ麹 ── 大さじ1と1/2
　｜しょうゆ ── 小さじ1
　｜こしょう ── 少々
白いりごま ── 適量

1_ 鍋にごま油を中火で熱し、長ねぎを入れてさっと炒め、油がまわったら水を加える。
2_ 煮立ったらわかめの水けをしぼって加え、Aを加え、火を止めてのりをちぎり入れる。器に盛り、白いりごまを散らす。

辛くない麻婆豆腐

あっさり塩味の白い麻婆豆腐。しびれる辛みの代わりに
しょうがねぎ麹のうまみをプラスして、豆腐のやさしい風味を引き立てます。
ごはんにのせて、どんぶり仕立てにするのもおすすめ。
ほっとするおいしさの、新しい家中華です。

● 材料 (2人分)

豚ひき肉 — 150g
絹ごし豆腐(2cm角に切る) — 1丁(350g)
長ねぎ(みじん切り・青い部分は小口切り) — 1/2本
ごま油 — 大さじ1
しょうがねぎ麹 — 大さじ1と1/2
A │ 水 — 1/2カップ
  │ 酒 — 大さじ1
水溶き片栗粉〈混ぜ合わせる〉
  │ 水 — 大さじ1 片栗粉 — 小さじ2

1_ フライパンにごま油を中火で熱し、ひき肉、しょうがねぎ麹を入れて炒める。肉の色が変わったらAを加える。

2_ 煮立ったら豆腐、長ねぎの青い部分を加え、ふたをして2〜3分煮る。いったん火を止め、水溶き片栗粉をよく混ぜてから加える。長ねぎを加えて再び中火にかけ、とろみがつくまで混ぜながら煮る。

まぐろのユッケ風

ごま油の香りがそそる、韓国風。
うまみたっぷり、やみつきのおいしさに。

● 材料（2人分）
まぐろ（刺身用・粗く刻む）—— 150g
青じそ —— 2枚
A｜しょうがねぎ麹、ごま油 —— 各小さじ1

1_ ボウルにまぐろを入れ、Aを加えて混ぜる。
2_ 青じそをちぎり入れ、さっくりと混ぜる。

鶏つくね

味わい深いつくねも、しょうがねぎ麹を
混ぜるだけ。おつまみにも、お弁当にも。

● 材料（2〜3人分）
鶏ひき肉 —— 300g
長ねぎ（みじん切り）—— 1/2本
A｜しょうがねぎ麹 —— 大さじ1と1/2
　｜片栗粉 —— 小さじ1
サラダ油 —— 小さじ1

1_ ボウルにひき肉、長ねぎ、Aを入れて練り混ぜ、8
　 等分の小判形にする。
2_ フライパンにサラダ油を中火で熱し、1を並べ入れ、
　 片面1分〜1分30秒ずつ焼く。ふたをして弱火で3
　 〜4分焼く。

PART 7

ナンプラー麹
しょうゆ麹

ナンプラー麹、ほかでは聞いたことのない調味料かと思います。
しょうゆ麹のエスニック版、というとわかりやすいでしょうか。
ナンプラーよりもぐっと塩けも香りもまろやかなので、
ナンプラーの独特の風味が苦手という方でも食べやすくなっています。
いかとセロリをさっと炒めて合わせれば、本格的なエスニック炒めに。
豚肉と小松菜など身近な具材でも、ナンプラー麹で調味すれば
ちょっぴり新しい味わいに出会えます。
しょうゆ麹はご存じの方も多いと思います。
わが家でももちろん定番の調味料。
こちらは保温して作ることでより甘みとコクのある仕上がりになります。
刺身や豆腐につけるだけ、納豆に加えるだけでもおいしいですし、
しょうゆ麹の焼きおにぎりなども絶品ですよ。

ナンプラー麹

● 材料 (作りやすい分量)

生米麹(または乾燥米麹・
室温にもどす) —— 60g

ナンプラー —— 1カップ

1_
麹とナンプラーを混ぜる

ジッパー付き保存袋に米
麹を入れ、かたまりがあ
れば手でほぐす。ナンプ
ラーを加えてよく混ぜる
(乾燥米麹の場合は水大
さじ1を追加する)。

2_
保温する

炊飯器の内釜にふきんを
敷き、1を袋の口を少し
開けてのせる。炊飯器に
セットし、ふたは開けた
まま保温モードにし、8
〜10時間おく。できれ
ば途中で数回、袋の上か
らもみ混ぜるとよい。

3_
でき上がり

米麹がやわらかくなった
らでき上がり。すぐに使
え、冷蔵室で約3か月保
存可能。

しょうゆ麹

● 材料 (作りやすい分量)

生米麹(または乾燥米麹・
室温にもどす) —— 100g

しょうゆ —— 1カップ

1_
麹としょうゆを混ぜる

ジッパー付き保存袋に米
麹を入れ、かたまりがあ
れば手でほぐす。しょう
ゆを加えてよく混ぜる
(乾燥米麹の場合は水大
さじ2を追加する)。

2_
保温する

炊飯器の内釜にふきんを
敷き、1を袋の口を少し
開けてのせる。炊飯器に
セットし、ふたは開けた
まま保温モードにし、8
〜10時間おく。できれ
ば途中で数回、袋の上か
らもみ混ぜるとよい。

3_
でき上がり

米麹がやわらかくなった
らでき上がり。すぐに使
え、冷蔵室で約3か月保
存可能。

いかとセロリのエスニック炒め

いかとナンプラー麹は相性抜群。ナンプラー単体よりもぐっとやさしい味わいなので、
エスニック風味になじみのない方にも、おいしく食べてもらえるはず。
レモンをキュッとしぼれば、さらに食べやすくなりますよ。

● 材料（2人分）

いか（ワタと軟骨を取り除き、胴は1cm幅の輪切り、
　　足は食べやすく切る）
　　── 1ぱい
セロリ（斜め薄切り）── 1本
にんにく（みじん切り）── 1かけ
オリーブオイル ── 大さじ1
ナンプラー麹 ── 大さじ1
レモン（くし形切り）── 1切れ

1_ フライパンにオリーブオイル、にんにくを入れて
　　中火にかけ、香りが出たらいか、セロリを加えて
　　炒める。

2_ いかの色が変わったら、ナンプラー麹を加えて炒
　　め合わせる。器に盛り、レモンを添える。

鶏肉のフォー

ささ身の下味つけと、スープの味つけにナンプラー麹を使います。
ささ身のゆで汁も利用して、うまみたっぷり。
フォーはベトナムの米粉の麺。だからこのスープ、ごはんと合わせてもおいしいんです。

● 材料（2人分）

フォー（または細うどん・乾燥）—— 120g
鶏ささ身（筋なし）—— 3本(180g)
もやし —— 1袋(200g)
トマト（角切り）、香菜（ざく切り）—— 各適量
ナンプラー麹 —— 大さじ2
水 —— 4カップ
ごま油 —— 大さじ1

1_ ポリ袋に鶏ささ身を入れ、ナンプラー麹大さじ1
   を加えてもみ込む。袋の口を閉じ、冷蔵室に15
   分ほどおく。
2_ 鍋に水を入れて中火で煮立て、ごま油、1をナン
   プラー麹ごと入れ、すぐ火を止める。ふたをして
   コンロからはずし、6分ほどおく。ささ身を取り
   出して粗熱を取り、手で食べやすくさく。残った
   汁に残りのナンプラー麹を加える。
3_ 別の鍋に湯を沸かし、フォーを袋の表示より30
   秒短くゆでる。途中でもやしを加えてさっとゆで、
   いっしょにざるに上げる。湯でさっと洗い、器に
   盛る。
4_ 2の汁を注ぎ、トマト、香菜、2のささ身をのせる。

青じそガパオライス

タイの人気料理、ガパオ。本来はホーリーバジルというハーブを使いますが、
ここでは身近な青じそを使って、作りやすく、食べやすいひと皿に。
ナンプラー麹に少しの甘みを加えることで、ごはんによく合う味つけに。

● 材料（2人分）

鶏ひき肉 —— 200g

パプリカ（赤・横半分に切ってから縦5mm幅に切る）
　—— 1/2個

玉ねぎ（みじん切り）—— 1/2個

にんにく（みじん切り）—— 1かけ

卵 —— 2個

青じそ —— 10枚

温かいごはん —— 茶碗2杯分

サラダ油 —— 大さじ2

A ｜〈混ぜ合わせる〉
　｜ ナンプラー麹 —— 大さじ1
　｜ きび砂糖 —— 小さじ1/2

1_ フライパンにサラダ油を中火で熱し、目玉焼きを
　　2個作り、取り出す。

2_ フライパンの油を軽く拭き、にんにくを炒める。
　　香りが出たら玉ねぎを加えてしんなりするまで炒
　　め、ひき肉を加えて炒める。

3_ 肉の色が変わったらパプリカ、Aを加えてさっと
　　炒める。青じそをちぎり入れ、炒め合わせる。

4_ 器にごはんを盛り、3、目玉焼きをのせる。

アボカドと白身魚の
セビーチェ

セビーチェはペルー生まれの魚介のマリネ。
ナンプラー麹が味のまとめ役になってくれます。

● 材料（2人分）
鯛（刺身用さく・1.5cm角に切る）—— 100g
きゅうり（縦半分に切ってから斜め薄切り）—— 1/2本
アボカド（ひと口大に切る）—— 1/2個
ナンプラー麹 —— 小さじ1
チリペッパー —— 適量
レモン —— 1/2個

1_ ボウルに鯛を入れ、ナンプラー麹小さじ1/2を加
　　えてからめる。きゅうり、アボカドを加えてあえる。
2_ 1にレモンの果汁をしぼり入れ、残りのナンプ
　　ラー麹を加えて混ぜ、10分ほどおく。器に盛り、
　　チリペッパーをふる。

ほうれん草の
エスニックおひたし

しょうゆをナンプラー麹にかえるだけで
いつもと違う、新しい味わいのおひたしに。

● 材料（2人分）
ほうれん草 —— 1束(200g)
A｜〈混ぜ合わせる〉
　｜水 —— 1/2カップ
　｜ナンプラー麹 —— 小さじ4
削り節 —— 適量

1_ 鍋にたっぷりの湯を沸かし、ほうれん草を入れ、
　　さっとゆでる。冷水にとって冷まし、しっかりと
　　水けをしぼる。
2_ 1を3〜4cm幅に切って器に盛り、Aを注いで削
　　り節をふる。

味玉2種

ゆで卵にじっくりと味を含ませて、おかずにもおつまみにもなる一品に。
手作りとは思えない、複雑な味わいが楽しめます。さっぱりとしたしょうゆ麹ベースと、
具材感も楽しいナンプラー麹ベース、2つの味玉レシピを紹介します。

● 材料（各4個分）

＜ナンプラー麹味玉（写真左）＞

卵 —— 4個

A | 水 —— 大さじ3
　 | ナンプラー麹 —— 大さじ2
　 | レモン汁 —— 大さじ1
　 | 長ねぎ（みじん切り）—— 10cm
　 | にんにく（すりおろす）—— 少々

＜しょうゆ麹味玉（写真右）＞

卵 —— 4個

A | しょうゆ麹 —— 大さじ2
　 | 酢 —— 大さじ1

［作り方共通］

1_ 鍋に湯を沸かし、冷蔵室から出したての卵をお玉
　 などで静かに入れ、7分30～40秒ゆでる。ゆで
　 上がる前に氷水を準備する。

2_ 卵を氷水にとり、10分以上おいて冷ます。水の
　 中で殻をむく。

3_ ポリ袋にゆで卵、Aを入れてなじませ、空気を抜
　 いて口を閉じ、冷蔵室に1日ほどおく。

小松菜のしょうゆ麹ナムル

しょうゆ麹のうまみを生かして、
韓国風のあえものに。
ごはんもお酒も進みます。

● 材料（2人分）
小松菜 ── 1束（200g）
塩 ── 少々
A │ しょうゆ麹 ── 小さじ2
　│ ごま油、白いりごま ── 各小さじ1

1_ 鍋にたっぷりの湯を沸かし、塩を加える。小松菜
　　を茎から入れ、30秒ほどたって茎がしんなりとし
　　てきたら葉も沈め、10秒ほどゆでる。冷水にとっ
　　て冷まし、水けをしっかりとしぼり、4cm長さに
　　切る。
2_ ボウルに1を入れ、Aを加えてあえる。

しょうゆ麹の焼きおにぎり

しょうゆ麹を塗って焼いたおにぎりは
香ばしさと広がるうまみで、
止まらないおいしさ。

● 材料（2人分）
温かいごはん ── 400g
しょうゆ麹 ── 小さじ4
ごま油 ── 少々

1_ ごはんを4等分してにぎり、片面にしょうゆ麹を小
　　さじ1ずつ塗る。
2_ 魚焼きグリルの網にごま油を薄く塗り、1を並べ、
　　4〜5分焼く。

ぶりのしょうゆ麹フライパン蒸し

しっかりとしたぶりの風味に、甘みとコクのあるしょうゆ麹の味わいがマッチ。
下味にもたれにも使えば、ぶりのクセを抑えつつ、野菜もおいしく食べられます。
蒸し焼きならパサつかず、しっとり仕上がるのもうれしいところ。

● 材料（2人分）

ぶり —— 2切れ
キャベツ（ひと口大に切る）—— 1/6個（200g）
にんじん（短冊切り）—— 1/4本
A 〈混ぜ合わせる〉
　しょうゆ麹 —— 小さじ4
　ごま油 —— 小さじ2
　にんにく（すりおろす）—— 小さじ1/4

1_ ポリ袋にぶりを入れ、Aを大さじ1加えてからめ、15分ほどおく。
2_ フライパンにキャベツ、にんじんを広げ入れ、1をのせる。
3_ ふたをして中火にかけ、蒸気が出てきたら弱火にし、8〜10分蒸し焼きにする。器に盛り、残りのAをかける。

豚しゃぶのしょうゆ麹にらだれ

豚肉はごく弱火でゆでて、色が変わったらすぐに引き上げ、しっとり仕上げましょう。
刻んだ生にらたっぷりのたれは、しょうゆ麹の甘み、うまみでマイルドに。
豚しゃぶとの相性はもちろんのこと、ゆでた鶏肉や牛肉にもおすすめです。

● 材料（3〜4人分）

豚もも薄切り肉 — 200g

酒、塩 — 各適量

A 〈混ぜ合わせる〉
　にら（みじん切り）— 1/2束
　しょうゆ麹 — 大さじ2と1/2
　酢、ごま油 — 各大さじ1
　白いりごま — 小さじ2

1_ 鍋にたっぷりの湯を沸かし、ごく弱火にして酒、塩を加える。豚肉を入れ、色が変わったらすぐに取り出してざるに上げる。

2_ 器に盛り、Aをかける。

PART 8

カレー麹

「子どもも大好きなおうちカレー。市販のルウなしで作れたらうれしいな」
という声を聞いて、確かにと思いました。
ルウを使わないというと、本格的なスパイスカレーと思っていたけれど、
いつものおうちカレーを作れたら、と考えてできたのがこの調味料です。
これで作ると、オイル控えめ、小麦粉なし、
野菜の甘みに加えて米麹のまろやかな風味が加わって、
やさしい味わいに仕上がります。
ごろごろ具材のカレーをごはんにたっぷりかけて、家族で楽しんでほしい！
このカレー麹はまろやかなので、そのまま春巻きに包んだり、
きのこにのせて焼いたり、きんぴらのアクセントにしたりと、
料理のアクセントにも幅広く使えます。

カレー麹

● 材料（作りやすい分量）

玉ねぎ — 3/4個(150g)
カットトマト缶 — 1/2缶(200g)
生米麹(または乾燥米麹・
　室温にもどす) — 200g
にんにく、しょうが(すりおろす) — 各10g
塩 — 60g
カレー粉 — 70g

1_
下準備

玉ねぎはひと口大に切る。

2_
攪拌する

フードプロセッサーにすべての材料(乾燥米麹の場合は水1/4カップを追加する)を入れて攪拌し、ジッパー付き保存袋に入れる。

3_
保温する

炊飯器の内釜にふきんを敷き、2を袋の口を少し開けてのせる。炊飯器にセットし、ふたは開けたまま保温モードにし、8〜10時間おく。できれば途中で数回、袋の上からもみ混ぜるとよい。

4_
でき上がり

うまみが出ていたらでき上がり。すぐに使え、冷蔵室で2〜3週間、冷凍室で約2か月保存可能。

ルウいらずのポークカレー

カレー麹で作る、簡単おうちカレー。野菜や麹のうまみたっぷりなうえ、
油も少なめで、カロリーも控えめといいことずくめ。
豚肉の下味にも使って、ふんわりと。もうルウを買わなくてもいいんです！

● 材料（3〜4人分）

豚こま切れ肉 ── 300g
玉ねぎ（縦薄切り）── 1個（200g）
じゃがいも（大きめのひと口大に切る）── 2個
にんじん（小さめの乱切り）── 1本
温かいごはん ── 茶碗2杯分
カレー麹 ── 大さじ6
オリーブオイル ── 大さじ2
水 ── 2と1/2カップ
水溶き片栗粉〈混ぜ合わせる〉
　水 ── 小さじ4
　片栗粉 ── 小さじ2

1_ ボウルに豚肉を入れ、カレー麹大さじ3を加えて
　 もみ、15分以上おく。
2_ 鍋にオリーブオイルを中火で熱し、玉ねぎをしん
　 なりするまで炒める。じゃがいも、にんじんを加
　 えてさっと炒める。
3_ 残りのカレー麹を加えて混ぜ、水を加える。ふた
　 をして煮立ったら弱火にし、野菜がやわらかくな
　 るまで15分ほど煮る。
4_ 1を加え、肉の色が変わったら、水溶き片栗粉を
　 よく混ぜてから加え、とろみをつける。器に盛っ
　 たごはんにかける。

オクラのカレー風味春巻き

オクラといっしょにカレー麹とチーズをくるりと巻いた揚げ春巻き。
カリッと香ばしく揚がった皮の中では、相性のいいカレーとチーズが
オクラにとろりとからんで……。ビールにもよく合います。

● 材料（2〜3人分）

オクラ（がくのまわりをぐるりとむく）—— 8本
春巻きの皮 —— 8枚
カレー麹 —— 小さじ4
ピザ用チーズ —— 50g
薄力粉、揚げ油 —— 各適量

1 春巻きの皮にオクラ、カレー麹、チーズを等分に
のせて巻く。巻き終わりに同量の水で溶いた薄力
粉をつけてとめる。

2 フライパンに揚げ油を深さ1.5cmほど注ぎ、約
180℃に熱する。1の巻き終わりを下にして入れ、
転がしながら4〜5分揚げる。

炊き込みカレーチキンピラフ

ほどよい辛みとうまみのカレー麹は、ごはんと好相性。
ふわりと立ち上るカレーのスパイシーな香りで、おかわり必至のおいしさです。
ピーマンは炊き上がってから加えて、食感とほろ苦さを残しましょう。

● 材料（作りやすい分量）

米（洗って30分ほど浸水させ、ざるに上げる）
　　── 2合
鶏もも肉（1.5cm角に切る）── 150g
玉ねぎ（みじん切り）── 1/2個
ピーマン（1cm四方に切る）── 2個
カレー麹 ── 大さじ1
A｜オリーブオイル ── 大さじ1
　｜カレー麹 ── 大さじ2
ベビーリーフ ── 適量

1_ ボウルに鶏肉を入れ、カレー麹を加えてもみ込む。
2_ 炊飯器の内釜に米を入れ、2合の目盛り通りに水を加える。Aを加えて混ぜ、玉ねぎ、鶏肉をのせて炊飯する。
3_ 炊き上がったらピーマンを加えて混ぜ、5分ほど蒸らす。ベビーリーフとともに器に盛る。

キーマカレー

ひき肉と野菜を炒めて、カレー麹とケチャップ、こしょうで調味。
簡単なのにごはんが進む、自慢のレシピです。
ごはんはもちろん、パンや野菜と合わせるのもおすすめ。工夫次第でいろいろ楽しめます。

● 材料（2人分）

鶏ひき肉　200g
玉ねぎ（みじん切り）── 1/2個
温かいごはん ── 茶碗2杯分
サラダ油 ── 大さじ1
A｜カレー麹 ── 大さじ2
　｜トマトケチャップ ── 大さじ1
　｜こしょう ── 少々
温泉卵 ── 2個
パセリ（みじん切り）── 適量

1_ フライパンにサラダ油を強めの中火で熱し、玉ね
　　ぎをしんなりするまで炒める。
2_ ひき肉を加えて炒め、ひき肉の色が変わったらA
　　を加えて炒め合わせる。
3_ 器にごはんを盛り、2をかけ、温泉卵を1個ずつ
　　のせる。パセリをふる。

カレー麹の
マスタードきんぴら

いつものごぼうのきんぴらをカレー味で。
粒マスタードのアクセントが効いています。

● 材料（作りやすい分量）

ごぼう（細切りにし、水にさっとさらして水けをきる）
　── 1本(150g)

オリーブオイル ── 小さじ2

A ｜〈混ぜ合わせる〉
　｜ カレー麹、酒 ── 各大さじ1
　｜ 粒マスタード ── 小さじ2

1＿ フライパンにオリーブオイルを中火で熱し、ご
　　ぼうをしんなりするまで炒める。
2＿ Aを加えて炒め合わせる。
・冷蔵室で4～5日保存可能。

エリンギのカレー麹焼き

カレー麹をのせて、こんがりと。
バターがとろりとしたら食べ頃です。

● 材料（2人分）

エリンギ（縦半分に切る）── 2本
カレー麹 ── 小さじ1
バター ── 適量

1＿ アルミホイルを広げ、エリンギ1本分を切り口
　　を上にしてのせて包む。残りも同様に包む。
2＿ 魚焼きグリルの網に1を並べ、4分ほど焼く。
　　ホイルを開いてカレー麹を等分にのせ、さらに
　　3分焼く。器に盛り、バターをのせる。

たけのこのアチャール

コリッと食感も楽しいたけのこの漬けもの風。
仕上げのレモンで後味さっぱり。

● 材料（2人分）

ゆでたけのこ（1.5cm角に切る）── 150g

オリーブオイル ── 小さじ2

A｜〈混ぜ合わせる〉
　｜カレー麹 ── 大さじ1と1/2
　｜酒 ── 大さじ1

レモン汁 ── 小さじ1/2

1_ フライパンにオリーブオイルを中火で熱し、た
　　けのこを3〜4分炒める。

2_ Aを加えてさらに炒め、レモン汁を加えさっと
　　混ぜる。

カレーパン

みんな大好きカレーパンが簡単に！
揚げたみたいなサクサク感も楽しめます。

● 材料（2人分）

食パン ── 2枚

カレー麹 ── 大さじ1

A｜〈混ぜ合わせる〉
　｜パン粉、オリーブオイル ── 各大さじ1

1_ 食パンにカレー麹を等分に塗り、Aを等分にの
　　せる。

2_ オーブントースターでこんがりと焼き色がつく
　　まで4〜5分焼く。

PART 9

発酵甘酢

砂糖の代わりに、米麹の甘みを利用して作る甘酢です。
砂糖に比べて甘さ控えめの仕上がりですが、なんともまろやか!
ごはんに加えて混ぜれば、さっぱりとしたすし飯に。
ここに好みの具材を合わせれば、混ぜずしが簡単にでき上がります。
野菜や肉との相性も抜群。やさしい甘みが素材の味を引き出します。
鶏肉を煮ればやわらかに仕上がりますし、刻んだ生野菜とあえれば、
パリパリと歯ざわりよく、箸が止まらなくなりますよ。
とろみがあるので、オイルと合わせて野菜ディップにするのもおすすめです。

発酵甘酢

● 材料（作りやすい分量）

生米麹（または乾燥米麹・室温にもどす）—— 100g
米酢 —— 1と1/2カップ

1_
麹と米酢を混ぜる

ジッパー付き保存袋に米麹を入れ、かたまりがあれば手でほぐす。米酢を加え（乾燥米麹の場合は水大さじ4を追加する）袋の上からもみ混ぜる。

2_
保温する

炊飯器の内釜にふきんを敷き、1を袋の口を少し開けてのせる。炊飯器にセットし、ふたは開けたまま保温モードにし、8〜10時間おく。できれば途中で数回、袋の上からもみ混ぜるとよい。

3_
でき上がり

甘みとうまみが出ていたらでき上がり。すぐに使え、冷蔵室で約2か月保存可能。

室温で
作る場合

ほぐした米麹と米酢を混ぜ、保存びんなどに入れてふたをし、室温に1週間を目安におく。1日1回清潔なスプーンで混ぜる。酸味がまろやかになったらミキサーにかけてでき上がり。

発酵甘酢の薬味混ぜずし

麹の甘みがついている発酵甘酢だから、砂糖なしでもすし飯ができちゃいます。
あとは具材を混ぜ込めば、お手軽だけど華やかな混ぜずしのでき上がり。
薬味たっぷり、大人の味わいです。

● 材料 (作りやすい分量)

温かいごはん —— 1合分

A 〈混ぜ合わせる〉
　発酵甘酢 —— 大さじ4
　白いりごま —— 大さじ1
　塩 —— 小さじ1/2

あじの干もの —— 1尾分

青じそ (せん切り) —— 5枚

みょうが (薄い小口切り) —— 2個

1_ 魚焼きグリルの網にあじの干ものをのせ、6〜7
　分焼く。骨を除いて身をほぐす。

2_ ごはんにAを混ぜる。青じそ、みょうが、1を加
　えて混ぜる。

細切り野菜の発酵甘酢あえ

塩もみした野菜に、発酵甘酢を混ぜるだけ。漬けもの代わりにちょこっとつまんだり、
サラダ感覚でもりもり食べたり、毎日の食卓で大活躍のレシピです。
野菜はキャベツや大根、パプリカなどでもおいしく作れます。

● 材料（2人分）

セロリ（細切り）—— 1/2本
にんじん（細切り）—— 1/4本
きゅうり（細切り）—— 1/2本
塩 —— 小さじ1/8
発酵甘酢 —— 大さじ1と1/2

1_ ボウルにすべての野菜を入れ、塩をふってもみ、
　　5分ほどおいて水けをしぼる。
2_ ボウルに戻し入れ、発酵甘酢を加えてあえる。

鶏のビネガー煮

じっくりと蒸し煮にすると、発酵甘酢の酸味がさらにまろやかになって、
酢が苦手な方でも食べやすい味わいに。もちろん、鶏肉はしっとりやわらか。
ほくほくのカリフラワーとの相性が抜群です。

● 材料（2人分）

鶏もも肉（半分に切る）—— 2枚（500g）
カリフラワー（小房に分ける）—— 1/2個
玉ねぎ（6等分のくし形切り）—— 1個
ミニトマト —— 10個
塩 —— 小さじ1/2　こしょう —— 少々
発酵甘酢 —— 大さじ2
オリーブオイル —— 大さじ1
A｜水 —— 1/2カップ
　｜発酵甘酢 —— 大さじ3
　｜白ワイン（または酒）—— 大さじ2
　｜ローリエ —— 1枚
粒マスタード —— 適量

1_ 鶏肉は塩、こしょうをふってボウルに入れ、発酵
　　甘酢を加えてもむ。
2_ フライパンにオリーブオイルを弱めの中火で熱し、
　　1の鶏肉を皮目を下にして入れ、ふたをして3〜4
　　分焼く。上下を返してカリフラワー、玉ねぎ、A
　　を加えてふたをする。
3_ 煮立ったら弱火にし、10分ほど蒸し煮にする。
　　ミニトマトを加えて再びふたをし、さらに5分ほ
　　ど煮る。器に盛り、粒マスタードを添える。

鮭の南蛮漬け

焼いた鮭を、だし汁と発酵甘酢ベースのたれに漬けて味をなじませます。
しんなりした玉ねぎといっしょに食べると、まろやかな酸味とうまみが広がって美味。
持ち寄りやお弁当にも、きっとよろこばれるレシピです。

● 材料（2人分）

鮭（4等分に切る）── 2切れ
玉ねぎ（縦薄切り）── 1/2個
塩、こしょう ── 各少々
薄力粉 ── 適量
A｜だし汁 ── 3/4カップ
　｜発酵甘酢 ── 大さじ2
　｜しょうゆ ── 小さじ2
　｜赤唐辛子（小口切り）── 少々
サラダ油 ── 大さじ1

1_ 鮭は塩、こしょうをふり、薄力粉を薄くまぶす。
　 保存容器などにAを入れて混ぜる。
2_ フライパンにサラダ油を中火で熱し、鮭を並べ入
　 れる。片面2〜3分ずつ焼き、熱いうちに1の容
　 器に入れる。
3_ 玉ねぎをのせてラップをぴったりと張りつけるよ
　 うにのせ、15分ほどおく。
・冷蔵室で3〜4日保存可能。

コールスローサラダ

青じその香りでちょっと和風仕立て。
毎日のおかずに合わせやすいひと皿です。

● 材料（3〜4人分）
キャベツ（せん切り）—— 1/4個（300g）
青じそ（せん切り）—— 5枚
塩 —— 小さじ1
A｜発酵甘酢 —— 大さじ1と1/2
　｜オリーブオイル —— 小さじ1

1_ ボウルにキャベツを入れ、塩をふってもみ、5分ほ
　　どおいて水けをしぼる。
2_ ボウルに戻し入れ、青じそ、Aを加えてあえる。
・冷蔵室で3〜4日保存可能。

たこのポテトサラダ

手間のかからない簡単ポテサラ。
たこのうまみが効いています。

● 材料（3〜4人分）
じゃがいも —— 3個（300g）
玉ねぎ（横半分に切り、縦薄切り）—— 1/4個
ゆでだこ（そぎ切り）—— 100g
A｜発酵甘酢、オリーブオイル —— 各大さじ1
　｜塩 —— 小さじ1/4

1_ じゃがいもは洗った水けがついたまま1個ずつラッ
　　プで包み、電子レンジで3分30秒加熱する。上下
　　を返してさらに3分加熱する。じゃがいもが熱いう
　　ちに皮をむく。ボウルに入れ、粗くつぶしてAを加
　　えて混ぜ、冷ます。
2_ 玉ねぎは耐熱ボウルに入れ、ふんわりとラップを
　　かけて電子レンジで1分加熱して冷ます。
3_ 1に2、たこを加えて混ぜる。

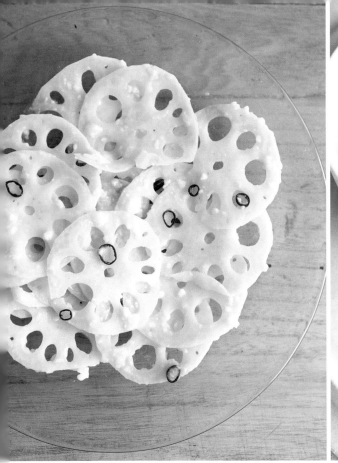

れんこんの
発酵甘酢マリネ

シャキッとした歯ざわりのよさと、
ほどよい酸味がうれしい定番の箸休め。

● 材料（2人分）

れんこん（厚さ1〜2mmの輪切り）── 100g
A｜発酵甘酢 ── 大さじ2
　｜塩 ── ひとつまみ
　｜赤唐辛子（小口切り）── 1本

1_ 鍋に水1ℓ、酢小さじ2（分量外）を入れて沸かし、れ
　　んこんを2分ほどゆでてざるに上げる。
2_ ボウルに入れ、Aを加えてあえる。
・冷蔵室で3〜4日保存可能。

発酵甘酢ディップ

発酵甘酢にオイルと塩を混ぜるだけ。
ほどよいとろみで野菜にからみます。

● 材料（2人分）

発酵甘酢、オリーブオイル　　各大さじ2
塩 ── 小さじ1/8
好みの野菜（セロリ、紅芯大根など）── 適量

1_ 発酵甘酢、オリーブオイル、塩を混ぜる。好みの
　　野菜に添え、つけて食べる。

料理家・発酵マイスター。会社員を経て調理師学校を卒業し、独立。発酵食品や季節の食材を使ったシンプルなレシピが人気を呼び、雑誌や書籍、テレビなどで活躍中。YouTube「榎本美沙の季節料理」はチャンネル登録者数31万人を超え、さらに注目を集めている。オンラインの料理教室「榎本美沙の料理教室－発酵と季節料理－」も大好評。また、各地の作り手と消費者をつなぎたい、いいものを作り、次の世代につなげていきたいという想いから新しくオリジナルブランド「tsumugi-te-」を立ち上げる。著書『からだが喜ぶ発酵あんことおやつ』『からだが整う〝ひと晩発酵みそ〟』(ともに小社刊)、『二十四節気の心地よい料理と暮らし』(グラフィック社)など多数。

榎本美沙
えのもとみさ

YouTube：「榎本美沙の季節料理」
Instagram：@misa_enomoto
X(旧Twitter)：@misa_enomoto
HP：「ふたりごはん」
　　　https://www.futari-gohan.jp
HP：「tsumugi-te-」
　　　https://www.tsumugite-store.jp
HP：「榎本美沙の料理教室 －発酵と季節料理－」
　　　https://online.misa-enomoto.com/

榎本美沙のひと晩発酵調味料

著者　　榎本美沙
編集人　束田卓郎
発行人　殿塚郁夫
発行所　株式会社主婦と生活社
　　　　〒104-8357　東京都中央区京橋3-5-7
　　　　TEL 03-3563-5129(編集部)
　　　　TEL 03-3563-5121(販売部)
　　　　TEL 03-3563-5125(生産部)
　　　　https://www.shufu.co.jp/
製版所　東京カラーフォト・プロセス株式会社
印刷所　大日本印刷株式会社
製本所　小泉製本株式会社

デザイン ／ 嶌村美里(studio nines)
撮影 ／ 福尾美雪
スタイリング ／ 駒井京子
取材・文 ／ 久保木 薫
調理アシスタント ／ 深瀬華江
校閲 ／ 滄流社
編集 ／ 上野まどか

撮影協力 ／ AWABEES、UTUWA